KB211018

긍정의 符籍 _{부적}

긍정의 符籍^{부적}

지은이 김나사로
발행일 2021년 09월 30일

펴낸이 이민영
편집인 최선화
펴낸곳 진리의방주
주소 부산광역시 동구 중앙대로260번길 3-11
전화 051-803-0691
등록번호 제2020-000009호.(2020.12.22)

저작권ⓒ진리의방주, 2021
ISBN 979-11-974225-2-2

저자와의 협약에 의하여 인지를 생략합니다.
이 출판물은 저작권법에 의해 보호를 받는 저작물이므로 무단전재 · 무단복제를 금합니다.

값 4,000원

김나사로 지음

긍정의 符籍 부적

진리의방주

바람난 복음의 부적, 긍정의 힘

조엘 오스틴은 레이크우드 교회를 사역했던 아버지 뒤를 이어 목회를 시작하면서 많은 고민을 했다고 한다. 하나님께 여쭙기를 과연 자신이 아버지를 닮으려고 노력해야 하는지, 아버지의 스타일을 모방해야 하는지, 아버지의 메시지를 그대로 전해야 하는지 고민하며 기도할 때에 하나님의 음성을 듣게 되었다고 한다. "조엘, 누구도 따라 하지 말거라. 있는 그대로 하거라. 네가 창조된 그대로 행하거라. 나는 네가 네 아버지의 복사판이 되기를 바라지를 않는다. 나는 원판을 원한다." 그는 이 음성을 듣고 하나님의 진리 안에서 자유로움을 느꼈다고 했다.

그러나 과연, 이것이 우리 죄인을 자유롭게 하시는 하나님의 진리인가? 그는 이 문제와 관련해서 여호수아서를 자주 떠올리며 하나님께서 여호수아에게 "원판이 되거라. 내가 너를 창조한 대로 행동하면 성공할 것이다."라고 말씀하셨다고 한다. 과연 이 말이 하나님께서 여호수아에게 말씀하신 그대로의 말씀인가?

목회자는 자기 기준의 원판이 되는 것이 중요한 것이 아니라 하나님의 말씀을 가감하지 않는 것이 중요하다. 기록된 성경은 하나님께서 여호수아에게 원판이 되면, 그래서 창조한 대로 행동하면 성공할 것이라고 말하지 않고, 좌로나 우로나 치우치지 않고 모세가 명한 율법을 다 지켜 행하면 형통할 것이라고 하셨다. "오직 강하고 극히 담대하여 나의 종 모세가 네게 명령한 그 율법을 다 지켜 행하고 우로나 좌로나 치우치지 말라 그리하면 어디로 가든지 형통하리니 이 율법책을 네 입에서 떠나지 말게 하며 주야로 그것을 묵상하여 그 안에 기록된 대로 다 지켜 행하라 그리하면 네 길이 평탄하게 될 것이며 네가 형통하리라"(수 1:7~8). 이 말씀 어디에도 창조한 대로 행동하면 성공할 것이라는 약속은 없다.

하나님께서 여호수아에게 약속하신 형통은 이 땅에서 운명을 개척하고 성공의 삶을 사는 의미가 아니라, 하나님께서 약속한 땅 가나안에 거주하고 있던 중다(衆多)한 가나안 일족을 이스라엘 백성이 능히 물리치고 그 땅을 차지하는 일에 능히 형통할 것이라는 말씀이다. 이 형통은 운명

개척과 관련 있는 것이 아니라 가나안 일족이 상징하는 죄의 세력을 물리치는 성화의 삶과 관련 있고, 성공의 삶을 사는 것과 관련 있는 것이 아니라 하나님의 사명을 감당하는 것과 관련 있다.

하나님께서 우리에게 주신 사명은 성공이 아니라, 예수 그리스도의 형상이다. 예수 그리스도의 형상을 이루는 삶 속에서, 우리는 죄의 세력을 물리치고 성화되어 간다.

우리가 싸워서 가장 이기기 힘든 대적은 가나안 일족이 아니라, 죄의 세력이다. 죄의 세력은 아담의 후손으로 태어난 모든 인간이 그 어떤 경우에도 물리칠 수 없는 극강의 대적이며, 인류 역사 이래 어느 인간도 죄와 싸워서 이기지 못했기 때문에 종국에 영원한 죽음에 이르게 되었다.

하나님께서는 지금도 우리로 가난과 실패를 대적하여 힘써 싸우라고 말씀하고 있는 것이 아니라, 죄와 피 흘리기까지 싸울 것을 명령하신다(히 12:4). 죄와 피 흘리기까지의 싸움을 통해서 우리는 예수 그리스도의 형상에 이르게 되고, 그 결과 하나님의 영원한 생명에 이르게 된다(딤전 6:11~12). 영생을 통해 하나님의 나라는 우리에게 영원한 소유로 주어진다.

조엘 오스틴이 성경에도 없는 "원판 창조된 대로 행하

라. 그러면 성공할 것이라." 하는 그의 입속에서 나오는 달콤한 말은 교회로 하여금 신약 성경이 명하는 철저한 제자도(눅 14:26~27, 33)와는 얼마나 다른 길을 달려가게 할 것인지는 불을 보듯 자명하다.

조엘 오스틴은 그의 책에서 다음과 같이 말하고 있다.

"우리의 생각에는 막대한 힘이 있다. 우리 삶은 평상시에 생각한 그대로 펼쳐진다. 우리 인생의 방향은 생각의 방향과 정확히 일치한다. 선택은 우리의 자유다. 마음에 떠오르는 모든 생각을 그대로 받아들일 필요는 없다. 먼저 그 생각이 어디에서 왔는지 파악하라. 하나님에게서 왔는가? 나만의 생각인가? 사탄이 주는 파괴적인 생각인가?

이것을 어떻게 분간할 수 있을까? 쉽다. 부정적인 생각이라면 무조건 사탄에게서 왔다고 생각해도 무방하다. 낙심과 파괴적인 생각, 두려움과 걱정과 의심, 불신, 우리의 심령을 약하고 불안하게 만드는 생각. 이런 모든 생각은 단언컨대 하나님에게서 온 것이 아니다. 이런 생각이 찾아오면 재빨리 몰아내라.

사탄의 거짓말을 받아들이면 부정적인 씨앗이 뿌리 내린다. 부정적인 생각을 할 때마다 사탄의 씨앗은 점점 자라 우리 마음에 강력한 성을 구축하고 우리를 공격할 만반의 준비를 갖춘다. 그때부터 사탄은 우리 마음을 밤낮 찌르기 시작한다. '너는 성공할 수 없어. 네 집안을 봐. 누구 하나 쓸 만한 사람이 있냐? 너도 역시 멍청하잖아. 네 부모는 가난했고 네 조부모는 항상 실패만 했어. 네 할아버지는 매번 직장에서 쫓겨났잖아. 심지어 너희 집 강아지도 매일 빌빌거리잖아. 너는 어쩔 수 없는 집안에서 태어났다구.'

이런 거짓말에 속는 순간, 우리 인생에는 거의 극복하기 불가능한 장애물이 솟아난다. 따라서 우리는 사탄의 생각을 벗어던지고 하나님의 말씀을 믿는 습관을 길러야 한다. 하나님을 신뢰하기만 하면 그분은 우리 인생을 빛나게 해주신다. 하나님은 우리 인생을 통해 위대한 일을 행하고자 하신다. 하나님은 약자를 들어 강하게 쓰시는 분이다. 단, 우리가 하나님의 계획에 동참하고 협력해야 한다. 하나님이 우리를 용사로 창조하셨으니 우리도 자신을 용사로 보아야 한다.

하나님이 인도하시는 길에는 그 어떤 걸림돌도 없다."

이처럼 그가 말하는 사탄이 주는 파괴적 생각인 부정적인 생각은 나는 성공할 수 없다는 생각이다. 따라서 그가 말하는 성령이 주시는 건설적인 생각인 긍정적인 생각은 비록 지금 나는 가난해도 성공할 수 있다는 것이다.

그는, 우리 마음이 컴퓨터와 비슷하다고 한다. 그래서 사이버 공간에서 악성 바이러스가 사용자의 하드웨어와 거기에 담긴 정보를 파괴하듯이 부정적인 생각과 저속한 말 같은 사악한 바이러스가 우리 마음에 침입하여 가치관을 더럽히고 풍요롭고 행복하고 건강하고 온전한 삶을 살도록 우리를 프로그램하신 하나님의 뜻을 왜곡시킨다고 한다. 그 결과 하나님의 형상을 따라 지음 받은 우리는 하나님의 말씀에서 벗어나서 심각한 실수를 저지르고 잘못된 선택을 하여 낮은 자존감과 두려움, 공포, 열등감, 불안감에 잠식 당한다고 한다.

이 얼마나 하나님 형상의 개념에 대한 심각한 왜곡인가? 오염된 생각은 부정적 사고가 아니라 자기 욕심에 이끌려 하나님의 말씀에 불순종하려는 죄악 된 생각이다. 그 결과 우리는 낮은 자존감과 두려움 공포 열등감 불안감에 잠식 당하는 것이 아니라, 하나님의 말씀에 불순종하게 된다. 그래서 성경은 욕심이 잉태한즉 죄를 낳고 죄가 장성하여 사망을 가져왔다고 한다. 성경 그 어디에도 죄의 결과로 낮은 자존감, 두려움, 공포, 열등감, 불안감을 언급하고 있지 않다.

그는, 우리가 마음의 프로그램을 다시 짜야 한다고 하는데, 그에 의하면 부정적인 생각을 긍정적인 생각으로 바꾸는 것이다. 그러나 우리가 다시 짜야 하는 마음의 프로그램은 긍정적 생각을 가지고 높은 자존감과 확신, 우월감, 안정감을 가지는 것이 아니라, 정과 욕심을 십자가에 못 박고 성령의 소욕에 굴복하는 것이다.

조엘 오스틴은 신명기서 30:19의 "내가 생명과 사망과 복과 저주를 네 앞에 두었은즉 생명을 택하고"라는 말씀을 인용해서 우리에게 긍정적이고 좋은 생각을 품기로 결단하라고 한다. 그러나 우리가 선택해야 하는 것은 긍정적 생각이 아니라, 하나님의 말씀을 지켜 행하는 순종의 삶을 통해 누리는 생명의 복이다.

조엘 오스틴은 우리 앞에 있는 선택의 문제를 긍정적 사고와 부정적 사고로 구분하지만, 성경은 우리 앞에 있는 선택의 문제를 순종(생명)과 불순종(사망)으로 구분한다.

조엘 오스틴은 선택의 기로에서 긍정적 생각을 통해 이 땅에서 부와 형통을 쟁취할 것을 가르치지만, 성경은 우리로 선택의 기로에서 하나님의 말씀에 전적인 순종을 통해 열매 맺는 삶을 살 것을 요구한다. 그러므로 믿음은 조엘 오스틴의 경우처럼 자신감과 함께 있는 것이 아니라, 하나님의 말씀을 전적으로 지켜 행하는 순종과 함께 있다.

매 순간 우리를 공격하는 것은 조엘 오스틴의 말처럼 절망감이 아니라, 사도 바울이 말한 대로 죄의 쏘는 살이다. 사도 바울은 위의 것을 쳐다보고 땅의 것을 쳐다보지 말라고 했다(골 3:2). 여기서 땅의 것은 죄악과 관련된 것이고, 세상에 속한 모든 것은 죄악 된 것이다. "이 세상이나 세상에 있는 것들을 사랑하지 말라 누구든지 세상을 사랑하면 아버지의 사랑이 그 안에 있지 아니하니 이는 세상에 있는 모든 것이 육신의 정욕과 안목의 정욕과 이생의 자랑이니다 아버지께로부터 온 것이 아니요 세상으로부터 온 것이라 이 세상도, 그 정욕도 지나가되 오직 하나님의 뜻을 행하는 자는 영원히 거하느니라"(요일 2:15~17).

그런데 조엘 오스틴은 이 말씀을, 땅에 있는 어려운 문제를 쳐다보지 말고 우리를 위해서 싸우시며 우리를 위해서 번영으로 인도하시는 하나님을 쳐다보라는 말로 바꾸어 말한다. 참으로 하나님의 말씀을 기가 막히게 가감한다. 이 죄는 하나님 앞에서 가장 큰 죄악이다. "내가 이 두루마리의 예언의 말씀을 듣는 모든 사람에게 증언하노니 만일 누구든지 이것들 외에 더하면 하나님이 이 두루마리에 기록된 재앙들을 그에게 더하실 것이요"(계 22:18).

조엘 오스틴은 교회를 향해 이 땅에서의 번영을 꿈꾸라고 한다. 그야말로 예수께 나타난 사탄이 천하만국 영광으로 예수 그리스도를 유혹함과 동일하다. "마귀가 또 예수를 이끌고 올라가서 순식간에 천하만국을 보이며 이르되 이 모든 권위와 그 영광을 내가 네게 주리라 이것은 내게 넘겨준 것이므로 내가 원하는 자에게 주노라 그러므로 네가 만일 내게 절하면 다 네 것이 되리라"(눅 4:5~7).

조엘 오스틴은 어떤 상황에 처해 있든 어떤 고난을 겪고 있든 절망하지 말 것을 격려한다. 이유는 자신의 가르침대로 오늘을 온전히 살면 꿈을 이루고 성공하고 행복을 쟁취하는 더 나은 내일이 찾아오기 때문이라고 한다. 그가 교훈하는 오늘을 온전히 사는 삶을 요약하면 꿈으로 살고 긍정으로 행하는 삶이다.

그는 우리가 엄청난 곤경에 빠져 있을 때는 부정적 생각에 굴복하기 쉽지만, 그래서 두려움과 걱정, 의심에 사로잡히게 되지만, 이와 같은 잘못된 생각을 제거하고 긍정적으로 오직 승리와 전진에만 마음을 두라고 한다.

그에 의하면 당신의 능력으로 우리를 대신해서 세상의 난관과 싸우셔서 모든 상황을 우리에게 유리하게 바꿔 주시는 하나님을 신뢰함이 곧 하나님의 명령에 순종함이라고 한다. 우리 삶을 위해 쉬지 않고 역사하시는 하나님, 우리 문제를 위해 대신해서 싸우시는 하나님을 향해 승리와 전진만을 생각하는 긍정적 마인드의 소유자에게 하나님께서는 평안을 주시고, 우리를 위해 산더미처럼 쌓아 놓으신 복을 우리에게 허락하실 것이라고 장담한다.

그는 적자생존의 법칙이 철저하게 지배하는 인생이라는 전쟁에서 그럭저럭 하루를 버티며 살아가는 힘든 독자들의 삶을 위로하기에 여념이 없다. 그래서 그는 독자들이 각자의 잠재력을 극한까지 발휘하는 지점으로 인도하기 위한 구체적인 방법을 열심히 열거한다. 그가 독자들을 이끌어 이르게 하려는 신앙의 정상은 부와 성공이다. 결국, 그는 독자들에게 잠재력을 극한까지 발휘해서 그들의 발목을 잡는 부정적인 태도를 벗어던지고, '미래의 부자 된 나', '미래의 성공한 나', '미래의 잘된 나'를 긍정의 힘으로 쟁취하라고 독려한다.

사도 바울은 조엘 오스틴이 꿈으로 살면 긍정으로 행하라고 말한 것과는 달리, 성령으로 살고 성령으로 행하는 삶을 교회에게 가르쳤다. 사도 바울에게 있어 성령으로 살고 성령으로 행하는 삶은 정과 욕심을 십자가에 못 박는 삶이다. "그리스도 예수의 사람들은 육체와 함께 그 정욕과 탐

심을 십자가에 못 박았느니라 만일 우리가 성령으로 살면 또한 성령으로 행할지니"(갈 5:24~25).

사도 바울이 교회로 하여금 성령으로 살고 성령으로 행하게 하여 종국에 이르게 하고자 했던 목적지는 부와 성공이 아니라 그리스도의 형상이다. 그는 교회 안에 그리스도의 형상이 이루어지기까지 해산의 수고를 아끼지 않았다. "나의 자녀들아 너희 속에 그리스도의 형상을 이루기까지 다시 너희를 위하여 해산하는 수고를 하노니"(갈 4:19).

조엘 오스틴은 독자들에게 마음속에 원하는 삶을 그리라고 한다. 즉 부와 성공의 이미지를 그리고, 그 이미지를 온전히 구체화하기 위해 생각과 대화와 깊은 잠재의식과 행동을 비롯해서 자기 존재의 모든 부분에서 패배와 실패의 이미지를 버리고, 승리와 성공과 건강과 풍요로움과 막대한 부와 승진의 기회를 긍정적으로 이미지화하고 자신감으로 행동하라고 한다. 그는 하나님께서 우리 한 사람 한 사람이 더 높은 단계 즉 더 많은 부와 더 큰 성공과 더 형통한 승진의 단계로 자라나기를 원하신다고 설파한다. 이보다 더 성경을 왜곡한 거짓말이 어디 있겠는가?

우리가 버려야 할 것은 패배와 실패의 이미지가 아니라 죄성이며 육체의 소욕이다. 사도 바울은 일평생 패배와 실패의 이미지를 버리기 위해 힘썼던 사람이 아니라 자기 안에 있는 또 다른 자기인 죄성을 물리치기 위해, 못 박기 위해 날마다 죽었던 사람이다. "내 속 곧 내 육신에 선한 것이 거하지 아니하는 줄을 아노니 원함은 내게 있으나 선을 행하는 것은 없노라 내가 원하는 바 선은 행하지 아니하고 도리어 원하지 아니하는바 악을 행하는도다 만일 내가 원하지 아니하는 그것을 하면 이를 행하는 자는 내가 아니요 내속에 거하는 죄니라 그러므로 내가 한 법을 깨달았노니 곧 선을 행하기 원하는 나에게 악이 함께 있는 것이로다 내 속사람으로는 하나님의 법을 즐거워하되 내 지체 속에서 한 다른 법이 내 마음의 법과 싸워 내 지체 속에 있는 죄의 법으로 나를 사로잡는 것을 보는도다"(롬 7:18~23). "형제들아 내가 그리스도 예수 우리 주 안에서 가진바 너희에 대한 나의 자랑을 두고 단언하노니 나는 날마다 죽노라"(고전 15:31).

이처럼 사도 바울은 일평생 패배와 실패의 이미지를 벗어버리기 위해서가 아니라 죄성을 벗어 버리기 위해 믿음의 선한 싸움을 싸웠다. 그는 이 신앙의 투쟁을 통해 목적지인 예수 그리스도의 형상에 날마다 이르러 갔다.

사도 바울은 우리가 더 많은 부와 더 큰 성공 더 형통한 승진의 단계로 자라나기를 원했던 것이 아니라 예수 그리스도의 장성한 분량이 충만한 데까지 이르기를 권면했다. "우리가 다 하나님의 아들을 믿는 것과 아는 일에 하나가 되어 온전한 사람을 이루어 그리스도의 장성한 분량이 충만한 데까지 이르리니 이는 우리가 이제부터 어린아이가 되지 아니하여 사람의 속임수와 간사한 유혹에 빠져 온갖 교훈의 풍조에 밀려 요동하지 않게 하려 함이라 오직 사랑 안에서 참된 것을 하여 범사에 그에게까지 자랄지라 그는 머리니 곧 그리스도라"(엡 4:13~15).

이처럼 사도 바울은 교회 한 사람 한 사람이 그리스도의 장성한 분량이 충만한 지점으로 온전한 사람을 이루어가기를 권고했다. 여기서 온전한 사람은 부와 성공과 승진의 꿈을 성취한 사람이 아니라 사랑 안에서 주의 몸 된 교회를 위해 참된 봉사와 섬김의 삶을 사는 사람이다.

사탄은 예수님을 시험하여 지극히 높은 산으로 데리고 가서 순식간에 천하만국과 그 영광을 보여 주며 자신에게 경배하면 이 모든 것을 준다고 약속했다. "마귀가 또 그를 데리고 지극히 높은 산으로 가서 천하만국과 그 영광을 보여 이르되 만일 내게 엎드려 경배하면 이 모든 것을 네게 주리라"(마 4:8~9). "마귀가 또 예수를 이끌고 올라가서 순식간에 천하만국을 보이며 이르되 이 모든 권위와 그 영광을 내가 네게 주리라 이것은 내게 넘겨 준 것이므로 내가 원하는 자에게 주노라 그러므로 네가 만일 내게 절하면 다 네 것이 되리라"(눅 4:5~7).

지금 조엘 오스틴은 독자들의 생각과 마음을 이끌고 높은 산에 올라가서 이 세상에 속한 부와 성공과 형통한 승진의 기회를 보여 주며 자신이 주창하는 긍정의 힘을 아멘으로 수용하면 세상에 속한 이 모든 영광이 주어지게 될 것이라고 미소 지으며 속삭인다. 그러나 사도 요한은 이 세상에 있는 일부가 아니라 모든 것이 하나님과 원수 된 정욕과 자랑이라고 했다. "이 세상이나 세상에 있는 것들을 사랑하지 말라 누구든지 세상을 사랑하면 아버지의 사랑이 그 안에 있지 아니하니 이는 세상에 있는 모든 것이 육신의 정욕과 안목의 정욕과 이생의 자랑이니 다 아버지께로부터 온 것이 아니요 세상으로부터 온 것이라"(요일 2:15~16).

결국, 조엘 오스틴은 세상에 속한 모든 것을 사랑하지 말라는 하나님의 선악과 명령을 굳건하게 지켜 행해야 하는 교회에게 이 세상에 속한 부와 성공과 형통과 행복을 마음껏 소유해도 결단코 죽지 않고 즉 멸망하지 않고 오히려 하나님의 기쁘신 뜻인 지혜에 이르는 삶을 풍성하게 살게 될 것이라고 속삭인다. 그러나 그의 가르침에 "아멘!" 하며 이 세상에 속한 영광을 갈망하고 추구한 인생은 결단코 하나님과 원수 되어 정녕 죽는다.

사도 바울은 뱀이 이와를 간계로 미혹함과 같이 교회 안에 있는 다른 예수와 다른 복음과 다른 영의 역사가 교회를 타락시켜 예수 그리스도 앞에 정결한 신부로 중매되지 못하게 할 것을 경고했다. "내가 하나님의 열심으로 너희를 위하여 열심을 내노니 내가 너희를 정결한 처녀로 한 남편인 그리스도께 드리려고 중매함이로다 그러나 나는 뱀이 그 간계로 하와를 미혹한 것같이 너희 마음이 그리스도를 향하는 진실함과 깨끗함에서 떠나 부패할까 두려워하노라 만일 누가 가서 우리가 전파하지 아니한 다른 예수를 전파하거나 혹은 너희가 받지 아니한 다른 영을 받게 하거나 혹은 너희가 받지 아니한 다른 복음을 받게 할 때에는 너희가 잘 용납하는구나"(고후 11:2~4).

예수 그리스도에게 중매되지 못하면 곧 다른 예수와 다른 복음과 다른 영을 용납한 어리석은 교회는 정녕 죽는다. 정녕 심판받는다. 정녕 바깥 어둠에서 슬피 울며 이를 갈게 된다.

'긍정의 힘'은 하나님의 말씀이 아니라 사람의 교훈이

다. 오늘 하나님을 마음으로 떠난 음란한 교회가 긍정의 염불로 하나님을 입으로 가까이하며, 입술로 존경하고 있다. "주께서 이르시되 이 백성이 입으로는 나를 가까이하며 입술로는 나를 공경하나 그들의 마음은 내게서 멀리 떠났나니 그들이 나를 경외함은 사람의 계명으로 가르침을 받았을 뿐이라"(사 29:13).

긍정의 힘이야말로 예수 그리스도의 복음이 아니라 다른 복음으로서 주님께서 미리 경고하신 온 교회를 휘젓고 다니는 거짓 그리스도와 거짓 선지자의 미혹이다. "그 때에 사람이 너희에게 말하되 보라 그리스도가 여기 있다 혹은 저기 있다 하여도 믿지 말라 거짓 그리스도들과 거짓 선지자들이 일어나 큰 표적과 기사를 보여 할 수만 있으면 택하신 자들도 미혹하리라 보라 내가 너희에게 미리 말하였노라"(마 24:23~25).

긍정의 힘이 얼마나 거센 미혹의 바람인지 미국에서 불어오는 긍정의 힘이 한국의 저 골짜기 농촌 교회에까지 불어 닥쳐 모든 강대상에서 긍정의 힘이 마치 생명의 복음인 양 설파되고, 분별을 상실한 교회는 긍정의 힘을 하나님의 복음으로 "아멘! 아멘!" 하고 있다.

조엘 오스틴은 비록 미래가 암울하고 그래서 낙심하고

절망이 될 때라도 소망의 하나님께 기도함으로 힘을 얻어서 '믿음의 눈'으로 행복하고 건강하고 온전한 자기의 모습을 바라보라고 권면한다. 그러나 우리가 믿음의 눈으로 바라보아야 하는 것은 미래의 '잘된 나'가 아니라, 하나님의 약속이다.

아브라함은 하나님의 약속을 바라보았다. 하나님께서 아브라함에 주신 약속의 복은 '씨'와 '기업'의 복이다(창 13:13~17; 15:2~5; 17:2~8; 22:15~18). 히브리서 기자는 아브라함이 바라보았던 씨와 기업의 복을 '터가 있는 성'이라고 했다. "믿음으로 아브라함은 부르심을 받았을 때에 순종하여 장래의 유업으로 받을 땅에 나아갈새 갈 바를 알지 못하고 나아갔으며 믿음으로 그가 이방의 땅에 있는 것같이 약속의 땅에 거류하여 동일한 약속을 유업으로 함께 받은 이삭 및 야곱과 더불어 장막에 거하였으니 이는 그가 하나님이 계획하시고 지으실 터가 있는 성을 바랐음이라"(히 11:8~10).

히브리서 기자는 믿음의 족장들이 이 약속을 받지 못했으며, 다만 그 약속의 성취를 멀리서 보고 환영했다고 했다. 그러나 약속에 신실하신 하나님께서는 믿음을 따라 죽은 그들을 위해 한 성을 예비하셨다고 했다. "이 사람들은

다 믿음을 따라 죽었으며 약속을 받지 못하였으되 그것들을 멀리서 보고 환영하며 또 땅에서는 외국인과 나그네임을 증언하였으니 그들이 이같이 말하는 것은 자기들이 본향 찾는 자임을 나타냄이라 그들이 나온바 본향을 생각하였더라면 돌아갈 기회가 있었으려니와 그들이 이제는 더 나은 본향을 사모하니 곧 하늘에 있는 것이라 이러므로 하나님이 그들의 하나님이라 일컬음 받으심을 부끄러워하지 아니하시고 그들을 위하여 한 성을 예비하셨느니라"(히 11:13~16).

그들을 위해서 준비된 이 '한 성'은 바로 그들이 받았던 '씨'와 '기업'의 복의 종국적 성취이다. 이 약속의 '씨'의 복, '기업'의 복은 '예수 그리스도'와 그분이 가져오신 '하나님의 나라'를 통해 종국적으로 성취된다. 그들이 받지 못하고 멀리서 보고 환영했던 '씨'와 '기업'의 복인 '한 성'의 축복은 이 땅에 하나님의 구속을 성취하러 오셨던 예수 그리스도 안에서 이미 성취되었지만 또한 재림을 통해 완성될 것이다. 그분이 이 땅에 다시 오실 때, 창세로부터 예비된 나라를 가져오실 것이다(창 25:34).

믿음을 따라 죽은 아브라함과 이삭과 야곱을 위해 준비된 하나님의 '한 성'은 재림으로 말미암아 이 땅에 나타날

'창세로부터 예비된 나라 안'에서 그 절정의 성취를 보게 된다. 그러므로 교회세대는 믿음을 따라 죽은 사람들을 위해 하나님께서 예비하신 '한 성'인 거룩한 성 새 예루살렘이 신부가 남편을 위해 단장한 것같이 하늘로부터 내려오는(계 21:1~4) 예수 그리스도의 재림의 한 날, 곧 하나님께서 교회에게 영원히 장가드시는 그 한 날을 향해 믿음의 순례를 재촉하며 땅의 것을 쳐다보지 말아야 한다.

이 영광의 복은 이 땅에 나타나지 않았기 때문에 보이지 않지만 장차 나타나면, 지극히 크고 영원한 생명의 영광이다. "위의 것을 생각하고 땅의 것을 생각하지 말라 이는 너희가 죽었고 너희 생명이 그리스도와 함께 하나님 안에 감추어졌음이라 우리 생명이신 그리스도께서 나타나실 그 때에 너희도 그와 함께 영광 중에 나타나리라"(골 3:2~4). "우리가 잠시 받는 환난의 경한 것이 지극히 크고 영원한 영광의 중한 것을 우리에게 이루게 함이니 우리가 주목하는 것은 보이는 것이 아니요 보이지 않는 것이니 보이는 것은 잠깐이요 보이지 않는 것은 영원함이라"(고후 4:17~18). "또 내가 새 하늘과 새 땅을 보니 처음 하늘과 처음 땅이 없어졌고 바다도 다시 있지 않더라 또 내가 보매 거룩한 성 새 예루살렘이 하나님께로부터 하늘에서 내려

오니 그 준비한 것이 신부가 남편을 위하여 단장한 것 같더라"(계 21:1~2). "내가 네게 장가들어 영원히 살되 공의와 정의와 은총과 긍휼히 여김으로 네게 장가들며 진실함으로 네게 장가들리니 네가 여호와를 알리라"(호 2:19~20).

사도 바울은 교회를 향해 보이지 않는 영광을 바라보고 땅의 것을 쳐다보지 말라고 했건만, 조엘 오스틴은 땅에 속한 보이는 영광을 바라보라고 미소 지으며 속삭인다. 결국, 조엘 오스틴은 독자들을 이끌고 크고 높은 산으로 올라가서 세상에 속한 모든 좋은 것을 바라보게 하며 미혹하는 선지자이다.

크고 높은 긍정의 산에서 내려다보아야 하는 것은, 별장과 고급 자동차가 아니다. 사도 바울이 이 세상에 속한 모든 것을 바라보지 말라고 했던 것은, 사도 요한의 경고대로 "세상에 있는 모든 것이 하나님과 원수 된 것"이기 때문이다(요일 2:15~17).

사탄이 예수님을 이끌고 크고 높은 산에 올라가서 천하 만국의 영광을 보여 주며 자신에게 절하면 이 모든 것을 소유하게 해 주겠다고 예수님을 미혹했듯이 조엘 오스틴도 독자들을 이끌고 긍정의 크고 높은 산으로 데리고 올라가서 별장과 고급 자동차를 보여 주며 자신이 간곡히 부탁하는 긍정의 힘을 "아멘!"으로 수용하면 세상에 속한 모든 것을 가지게 된다고 교회를 미혹하고 있다.

조엘 오스틴은 우리가 하나님을 의지한다면 그 하나님 안에는 지혜와 보화가 끝이 없기 때문에 "내 능력으로 사회에서 이만큼 성공했으면 대단한 거야." "그래 여기까지야." "지금보다 잘되기는 힘들어."라고 현재에 안주하지 말라고 독려한다. 하나님은 우리를 둘러 진 치는 상황에 전혀 영향을 받지 않는 무한한 능력을 가지고 계시기 때문에 우리에게 꿈을 주셔서 인생의 방향을 완전히 바꾸어 놓는다고 장담한다. 그래서 하나님은 우리에게 발명, 책, 노래, 영화에 관한 영감까지 부어 주신다고 한다. 그러나 이와 같은 영감은 가인의 계보에서 극대화되었었다. "가인이 여호와 앞을 떠나서 에덴 동쪽 놋 땅에 거주하더니 아내와 동침하매 그가 임신하여 에녹을 낳은지라 가인이 성을 쌓고 그의 아들의 이름으로 성을 이름하여 에녹이라 하니라 에녹이 이랏을 낳고 이랏은 므후야엘을 낳고 므후야엘은 므드사엘을 낳고 므드사엘은 라멕을 낳았더라 라멕이 두 아내를 맞이하였으니 하나의 이름은 아다요 하나의 이름은 씰라였더라 아다는 야발을 낳았으니 그는 장막에 거주하며 가축을 치는 자의 조상이 되었고 그의 아우의 이름은 유발

이니 그는 수금과 퉁소를 잡는 모든 자의 조상이 되었으며 씰라는 두발가인을 낳았으니 그는 구리와 쇠로 여러 가지 기구를 만드는 자요 두발가인의 누이는 나아마였더라"(창 4:16~22).

이처럼 가인의 계보에서 건축술이 시작되었고, 목축업이 시작되었으며, 예술이 시작되었고, 문명의 산실인 철기 문화가 시작되었다. 이와 같은 재능은 하나님께서 인간에게 허락하신 일반적인 은총으로서 땅에 속한 지혜로부터 말미암았다.

믿음으로 소유할 은총은 이와 같은 문명의 발전과 관련된 일반은총이 아니라 구원과 관련한 특별은총이다. 그래서 우리는 믿음을 통해 죄 사함을 받고 성령을 선물로 받아 그리스도의 형상으로 변해 간다. 바로 이것이 사도 베드로가 말한 하나님의 신기한 능력으로 구원받은 교회가 소유하게 된 생명과 경건에 속한 모든 것이다. "그의 신기한 능력으로 생명과 경건에 속한 모든 것을 우리에게 주셨으니 이는 자기의 영광과 덕으로써 우리를 부르신 이를 앎으로 말미암음이라"(벧후 1:3).

우리는 조엘 오스틴의 주장대로 믿음으로 발명과 책과 노래와 영화에 관한 영감을 소유해 가는 것이 아니라 신의 성품을 소유해 간다. "이로써 그 보배롭고 지극히 큰 약속을 우리에게 주사 이 약속으로 말미암아 너희가 정욕 때문에 세상에서 썩어질 것을 피하여 신성한 성품에 참여하는 자가 되게 하려 하셨느니라 그러므로 너희가 더욱 힘써 너희 믿음에 덕을, 덕에 지식을, 지식에 절제를, 절제에 인내를, 인내에 경건을, 경건에 형제 우애를, 형제 우애에 사랑을 더하라"(벧후 1:4~7).

조엘 오스틴은 인생의 실패자들을 향해 많은 실패의 경험을 개의치 말라고 격려한다. 그것은 생각을 바꾸면 새로운 날이 도래하기 때문이라고 한다. 그래서 그는 새로운 날을 소유하기 위해 마음에 있는 가장 무서운 적인 좌절 의식과 실패 의식을 극복하라고 독려한다. 이유는 마음속에서 실패한 사람은 현실에서도 여지없이 실패하기 때문이라고 한다. 자기 마음에 있는 장벽은 누구도 깨뜨리지 못하기 때문에 어떤 일을 할 수 없다고 생각하면 절대 할 수 없지만, 마음의 꿈을 믿음으로 긍정하면 믿는 대로 된다고 한다. 그래서 마음에 있는 이와 같은 실패 의식과 패배 의식의 장벽을 깨뜨려야만, 그래서 우리 각자에게 충분한 능력이 있음을 긍정해야만 꿈을 향한 새로운 지평을 열 수 있다고 한다.

그러고 보니 주님께서는 이 땅의 죄인들을 부르러 오셨건만, 조엘 오스틴의 긍정의 힘은 이 땅의 실패자들을 불러 모으고 있다. 패배 의식을 가진 사람들을 불러 모으고 있다. 부정적인 생각과 부정적인 말을 하는 사람을 불러 모으고 있다. 자신감이 결여된 사람들을 불러 모으고 있다. 그러므로 단연코 조엘 오스틴의 『긍정의 힘』은 다른 복음이고 미혹이다.

성경에서 말하는 '새로운 날'은 부요와 성공의 꿈을 향한 도약의 전환점이 아니라 '구원의 날'이다. 마음속에 있는 적(敵)은 실패 의식과 좌절 의식과 패배 의식의 부정적 사고가 아니라 죄와 사망의 세력이다. 마음속에 있는 가장 견고한 진(陣)은 선을 행하기 원하는 우리에게 도사리고 있는 죄악의 법이다. "내 속 곧 내 육신에 선한 것이 거하지 아니하는 줄을 아노니 원함은 내게 있으나 선을 행하는 것은 없노라 내가 원하는 바 선은 행하지 아니하고 도리어 원하지 아니하는 바 악을 행하는도다 만일 내가 원하지 아니하는 그것을 하면 이를 행하는 자는 내가 아니요 내 속에 거하는 죄니라 그러므로 내가 한 법을 깨달았노니 곧 선을 행하기 원하는 나에게 악이 함께 있는 것이로다 내 속사람으로는 하나님의 법을 즐거워하되 내 지체 속에서 한 다른 법이 내 마음의 법과 싸워 내 지체 속에 있는 죄의 법으로 나를 사로잡는 것을 보는도다 오호라 나는 곤고한 사람이로다 이 사망의 몸에서 누가 나를 건져내랴"(롬 7:18~24).

예수를 믿지 않는 사람도 실패를 극복하고 가난을 극복하고 꿈을 이룬다. 그러나 모든 인간은 예외 없이 이 죄악의 법을 극복할 수는 없다. 그러므로 죄악의 법은 모든 인간에게 있어서 가장 무서운 장벽이고 견고한 진이다.

우리가 바라보고 소망하는 새로운 날은 꿈을 이루고 성공하는 날이 아니라, 하나님을 보는 날이다. 죄로 말미암아 하나님과의 관계가 단절된 인간에게 있어서 하나님의 영광에 이르는 날보다 더 영광스러운 새로운 날이 어디 있겠는가? 죄인은 하나님의 영광에 이르기 위해 예수 그리스도로 말미암아 죄 용서받고 성령의 법으로 죄악의 법을, 사망의 법을 극복해야 한다.

성경은 가장 무서운 견고한 진인 죄악의 법을 극복하고 하나님의 얼굴을 뵈옵는 새로운 날을 선언한다. 그 어떤 경우에도 성경은 부요와 성공을 향한 도약의 전환점을 죄인들이 긍정적 사고로 바라보아야 할 새로운 날이라고 말하지 않는다.

그런데도 조엘 오스틴은 이 세상에 속한 부요와 성공을

향해 마음만 긍정적으로 고쳐먹으면 인생의 새로운 날을 소유할 수 있다고 온 교회를 미혹한다. 그래서 사탄이 예수님에게 내게 절하면 세상에 속한 모든 만국의 영광을 준다고 말했듯이 조엘 오스틴도 교회를 향해 자신의 교훈을 "아멘!" 하면 믿는 대로 이 세상에 속한 부요와 영광을 소유할 수 있다고 미소 지으며 속삭인다.

우리는 예수 그리스도 안에서 죄악의 법을 극복하고 하나님의 영광에 이르는 광영의 새로운 날 곧 구원의 날을 경험했다. 이 구원은 내가 이 세상에서 가진 모든 소유와도 견줄 수 없는 귀중한 것이기에 주님께서는 슬기로운 농부가 되어 모든 소유를 처분하고 진주와 같은 구원을 소유하라고 하셨다.

이제 이 구원이라는 보석을 소유하게 된 우리는 궁극적인 새로운 날을 바라보고 있다. 그 날은 가난과 실패를 벗어 버리는 날이 아니라, 썩어질 육체의 장막을 벗어 버리고 하늘로서 오는 생명의 처소를 덧입는 날이다. "만일 땅에 있는 우리의 장막 집이 무너지면 하나님께서 지으신 집 곧 손으로 지은 것이 아니요 하늘에 있는 영원한 집이 우리에게 있는 줄 아느니라 참으로 우리가 여기 있어 탄식하며 하늘로부터 오는 우리 처소로 덧입기를 간절히 사모하노라 이렇게 입음은 우리가 벗은 자들로 발견되지 않으려 함이라"(고후 5:1~4).

바로 이 날이 양자의 영을 받아 하나님을 아바 아버지라 부르는 구원받은 우리가 몸의 구속을 받는 날이다. "그뿐 아니라 또한 우리 곧 성령의 처음 익은 열매를 받은 우리까지도 속으로 탄식하여 양자 될 것 곧 우리 몸의 속량을 기다리느니라 우리가 소망으로 구원을 얻었으매 보이는 소망이 소망이 아니니 보는 것을 누가 바라리요 만일 우리가 보지 못하는 것을 바라면 참음으로 기다릴지니라"(롬 8:23~25).

조엘 오스틴은 교회에게 최선의 삶을 살기 위해 자아상을 바꿀 것을 권면한다. 사람이 정해 놓은 변덕스럽고 거짓된 기준이 아니라, 하나님께서 들려주시는 말씀에 따라 자아상을 개발하라고 한다. 이유는 우리가 자신을 어떻게 보고 느끼는지에 따라 성공의 크기와 성공의 여부가 판가름나기 때문이라고 한다. 그래서 자신이 얼마나 중요하고 가치가 있는 존재인가 하는 것을 날마다 생각하라고 한다. 자신을 싫어하지 말고 하나님께서 우리를 강하고 용감한 사람으로 큰 영광과 용기 있는 사람으로 보심과 같이, 그리고 우리를 왕보다도 큰 자로 여기심과 같이 자기 자신을 존중하고 긍정의 말로 치켜세우라고 한다.

그러나 하나님께서 우리에게 요구하시는 삶은 성공과 관련한 최선의 삶이 아니라 그리스도의 형상을 이루는 거룩한 삶이다. 그러므로 사도 바울은 우리 속에 긍정적인 자아상을 확립하기 위해서가 아니라 그리스도의 형상이 이루어지기까지 해산의 수고를 했던 것이다. "나의 자녀들아 너희 속에 그리스도의 형상을 이루기까지 다시 너희를 위하여 해산하는 수고를 하노니"(갈 4:19).

우리 속에 그리스도의 형상이 이루어지기 위해서는 세상에 대해 우리가 못 박히고 세상도 우리에 대해 죽어야 한다. "내게는 우리 주 예수 그리스도의 십자가 외에 결코 자랑할 것이 없으니 그리스도로 말미암아 세상이 나를 대하여 십자가에 못 박히고 내가 또한 세상을 대하여 그러하니라"(갈 6:14). 그는 세상에 대해 자신이 죽고 세상이 또한 자신에 대해 죽게 하려고 날마다 죽었다. "형제들아 내가 그리스도 예수 우리 주 안에서 가진바 너희에 대한 나의 자랑을 두고 단언하노니 나는 날마다 죽노라"(고전 15:31).

날마다 죽는다는 것은 자기 긍정이 아니라, 자기 부인이다. 자기 부인을 위해서 우리는 우리 자신이 얼마나 쓸모없고 무가치한 존재인가에 대해서 철저하게 인식해야 한다.

우리 속에는 선한 것이 아무것도 없다. 죄로 말미암아 우리는 전적으로 타락했고 전적으로 부패했다.

자기 부인을 통해서 그리스도의 형상을 이루어 가기 위해 우리는 과거의 구습을 좇는 옛 사람을 벗어 버리고 새사람을 입어야 한다. "너희는 유혹의 욕심을 따라 썩어져 가는 구습을 따르는 옛 사람을 벗어 버리고 오직 너희의 심령이 새롭게 되어 하나님을 따라 의와 진리의 거룩함으로 지으심을 받은 새 사람을 입으라"(엡 4:22~24). 그러므로 믿음의 사람은 성공을 위한 최선의 삶을 살기 위해 자아상을 바꿀 것이 아니라 그리스도의 형상을 이루기 위해 과거의 구습을 좇는 옛 사람을 벗어 버려야 한다.

자신을 긍정하자는 조엘 오스틴의 온화한 격려는 개혁주의 신학에서 인간은 전적으로 타락했고 전적으로 부패했다는 인간론에 전적으로 배치되는 미혹이다. 우리가 추구해야 할 인간상은 날마다 예수 그리스도로 살기 위해 자신과 세상에 대해 죽음을 선고하는 삶이지 세상에서 자기 존재감을 드러내기 위한 자기 긍정의 확신감이 아니다.

성경은 성공의 삶을 살기 위해 자아상을 바꾸고 생각을 바꾸라고 말하지 않고, 삶을 바꾸라고 명령하고 있다. 우리는 죄악 된 삶을 버리고 바꿔서 의의 삶을 행해야 한다. 바

꾼다는 것은 단절하고 청산한다는 것이다. 우리가 단절하고 청산해야 할 삶은 부정적이고 자신감이 없는 삶이 아니라 죄악 된 삶이다.

믿음의 삶은 가난하고 실패한 삶을 자신감 회복과 자기 긍정을 통해 부요하고 성공한 삶으로 바꾸는 것이 아니라 가난과 실패 가운데서도 구원의 한 분 하나님만을 즐거워하는 삶이다. "비록 무화과나무가 무성하지 못하며 포도나무에 열매가 없으며 감람나무에 소출이 없으며 밭에 먹을 것이 없으며 우리에 양이 없으며 외양간에 소가 없을지라도 나는 여호와로 말미암아 즐거워하며 나의 구원의 하나님으로 말미암아 기뻐하리로다"(합 3:17~18).

조엘 오스틴은 하나님께서 약점 투성이인 우리를 사용해 놀라운 일을 행하려 하신다고 한다. 그에 의하면 하나님께서 우리를 통해 행하시려는 놀라운 일은 잘되고 부자 되고 성공하는 삶이다. 그러나 성경은 잘되고 부자 되는 성공한 삶을 가르치는 인생 지침서가 아니라 하나님의 사람으로 선한 일을 행하게 하기 위한 구원의 말씀이다. "또 어려서부터 성경을 알았나니 성경은 능히 너로 하여금 그리스도 예수 안에 있는 믿음으로 말미암아 구원에 이르는 지혜가 있게 하느니라 모든 성경은 하나님의 감동으로 된 것으로 교훈과 책망과 바르게 함과 의로 교육하기에 유익하니"(딤후 3:15~17).

사도 바울은 인간을 예수 그리스도 안에 있는 의인과 예수 그리스도 밖에 있는 죄인으로 구분했다. 그래서 아무리 이 땅에서 부와 영향력을 가진 사람이라 할지라도 예수 그리스도 밖에 있는 사람은 소망이 없는 사람이다. "그 때에 너희는 그리스도 밖에 있었고 이스라엘 나라 밖의 사람이라 약속의 언약들에 대하여는 외인이요 세상에서 소망이 없고 하나님도 없는 자이더니"(엡 2:12).

또한 사도 바울은 예수 그리스도 안에서 소망을 갖게 된 우리에게 죄악을 행하던 과거의 구습을 좇는 옛 사람을 벗어 버리고 새사람을 입으라고 했다. 그래서 그는 구원받은 우리가 과거의 구습을 좇는 옛 사람의 삶을 청산할 것을 명령한다(엡 4:17~24). 그러나 조엘 오스틴은 교회로 하여금 구원받기 이전의 죄악 된 삶을 청산하는 데 집중하게 하지 않고 오로지 불행과 낙심과 실패와 패배의 삶을 청산하고 부와 성공의 삶을 추구하는 데 집중하게 한다.

사도 바울은 죄악 된 삶을 청산하고 의를 행하는 새로운 피조물의 삶을 명령하고 있는 반면에 조엘 오스틴은 과거의 실패와 가난을 극복하고 부와 성공을 소유하는 역전하는 삶을 살라고 명령한다.

사도 바울은 의를 행하는 새로운 피조물의 삶을 살기 위해 정과 욕심을 십자가에 못 박고 성령으로 살고 성령으로 행하기를 명령하는 반면에 조엘 오스틴은 잘된 인생을 살기 위해 부정적 사고와 패배 의식을 버리고 긍정의 마인드로 살고 긍정의 마인드로 행하라고 주문한다.

조엘 오스틴에게 있어 긍정의 삶은 바로 성령 충만한 삶이 된다. 그래서 그는 인생의 거친 파도를 헤쳐 나가기 위해 스스로 성공한 사람으로 보아야 하며 믿음의 눈으로 새로운 미래를 꿈꾸어야만 풀리지 않는 인생을 좋은 방향으로 되돌릴 수가 있다고 한다.

과연 하나님께서 우리에게 믿음의 눈으로 미래의 잘된 인생을 꿈꾸라고 하셨던가? 사도 바울은 잘못된 생각, 그래서 버려야 할 생각을 육체의 소욕이라고 했던 반면에 조엘 오스틴은 버려야 할 생각을 패배 의식이라고 하면서 하나님이 원하시는 자아상을 디자인하며 '미래의 잘된 나'를 꿈꾸라고 한다. 그러나 앞에서도 언급했듯이 하나님께서 우리에게 원하시는 미래의 모습은 '잘된 나'라는 자아상이 아니라 예수 그리스도의 형상이다.

인간의 비극은 부와 성공을 쟁취하는 자아상을 꿈꾸지

않아서가 아니라, 하나님의 말씀에 불순종함으로 하나님의 형상을 잃어버렸기 때문에 초래되었다. 성경은 잃어버린 하나님의 형상을 회복할 것을 명령하고 있지 패배 의식에 찌들어 버린 왜곡된 자아상을 긍정의 마인드로 성공의 자아상을 꿈꾸라고 말하지 않는다. 그런데도 조엘 오스틴은 부정적 사고와 실패 의식에 찌든 왜곡된 자아상 때문에 우리의 삶이 가난과 실패를 벗어날 수 없는 쳇바퀴 인생을 살게 된다고 경고하기에 여념이 없다.

신앙의 본질은 왜곡된 자아상을 교정하는 것이 아니라, 죄악 된 과거의 구습을 벗어 버리는 것이다. 우리의 미래를 파괴적으로 만드는 것은 낙심과 부정적 사고와 실패 의식이 아니라 하나님의 뜻대로 행하지 않는 죄악이다.

사도 바울에게 있어서 우리가 그리스도와 합하기 위해 세례를 받았다는 것은 그리스도로 옷 입었다는 것이다. 그리스도로 옷 입었다는 것은 과거의 구습을 좇는 옛 사람을 벗어 버리고 새사람을 입었음을 의미한다. "누구든지 그리스도와 합하기 위하여 세례를 받은 자는 그리스도로 옷 입었느니라"(갈 3:27).

과거의 구습을 좇는 옛 사람을 벗어 버리는 것은 죄악 된 삶을 청산하는 것이며, 새사람을 입음은 의를 좇아 행함을 의미한다. 그러므로 사도 바울에게 있어서 그리스도와 합하여(갈 3:27, 개역한글) 세례를 받았다는 의미는 의를 좇아 행하는 삶을 전제한다.

우리는 예수 그리스도가 우리 죄를 위해 죽으셨음을 믿는다. 그러므로 우리는 믿음으로 말미암아 예수 그리스도의 죽으심과 합하여 세례를 받았다. 그리고 우리는 또한 예수 그리스도께서 우리를 의롭다 하시기 위해 죽음을 정복하시고 부활하셨음을 믿는다. 이 믿음을 통해 우리는 새 생명 가운데서 행하게 된다. "그런즉 우리가 무슨 말을 하리요 은혜를 더하게 하려고 죄에 거하겠느냐 그럴 수 없느니라 죄에 대하여 죽은 우리가 어찌 그 가운데 더 살리요 무릇 그리스도 예수와 합하여 세례를 받은 우리는 그의 죽으심과 합하여 세례를 받은 줄을 알지 못하느냐 그러므로 우리가 그의 죽으심과 합하여 세례를 받음으로 그와 함께 장사되었나니 이는 아버지의 영광으로 말미암아 그리스도를 죽은 자 가운데서 살리심과 같이 우리로 또한 새 생명 가운데서 행하게 하려 함이라"(롬 6:1~4).

새 생명 가운데서 행하는 자가 믿음으로 그리스도의 죽음을 본받아 연합한 자가 되면 장차는 예수 그리스도의 부활을 본받아 연합한 자가 되어 영생에 이르게 된다. "만일 너희 속에 하나님의 영이 거하시면 너희가 육신에 있지 아니하고 영에 있나니 누구든지 그리스도의 영이 없으면 그리스도의 사람이 아니라 또 그리스도께서 너희 안에 계시면 몸은 죄로 말미암아 죽은 것이나 영은 의로 말미암아 살아 있는 것이니라 예수를 죽은 자 가운데서 살리신 이의 영이 너희 안에 거하시면 그리스도 예수를 죽은 자 가운데서 살리신 이가 너희 안에 거하시는 그의 영으로 말미암아 너희 죽을 몸도 살리시리라 그러므로 형제들아 우리가 빚진 자로되 육신에게 져서 육신대로 살 것이 아니니라"(롬 8:9~11).

우리가 믿음을 통해 예수 그리스도의 죽으심을 본받아 연합한 자가 되었다는 것은 우리 옛 사람이 예수와 함께 십자가에 못 박혀서 이후로는 다시는 죄에게 종노릇하지 않는 의를 따르는 삶을 살아야 함을 의미한다.

의를 좇는 삶이 곧 새 생명 가운데서 행하는 삶이다. 그러므로 믿음은 새 생명 가운데서 의를 행하는 삶과 함께 있다. "만일 우리가 그의 죽으심과 같은 모양으로 연합한 자가 되었으면 또한 그의 부활과 같은 모양으로 연합한 자도 되리라 우리가 알거니와 우리의 옛 사람이 예수와 함께 십자가에 못 박힌 것은 죄의 몸이 죽어 다시는 우리가 죄에게 종노릇하지 아니하려 함이니 이는 죽은 자가 죄에서 벗어나 의롭다 하심을 얻었음이라"(롬 6:5~7).

조엘 오스틴은 믿음을 부정적인 사고와 실패 의식을 극복하고 긍정적 사고로 승리하고 성공하는 삶을 살기 위해 우리 안에 있는 잠재력을 극한까지 발휘하는 것이라고 정의한다. 그래서 그는 '긍정 신학'이라는 괴변으로 우리가 믿는 그대로 인생의 장애물을 뛰어넘고 건강과 풍요로움과 승리를 쟁취하게 된다고 힘주어 말한다.

사도 바울에게 믿음의 삶은 새 생명 가운데서 의를 좇아 행하는 삶이지만, 조엘 오스틴에게 믿음의 삶은 긍정적 사고로 미래의 잘된 나를 꿈꾸고, 미래의 잘된 나를 확신하고 시인하는 것이다. 과연 사도 바울이 말하는 믿음과 조엘 오스틴이 말하는 믿음이 같은 믿음일까?

조엘 오스틴은 우리 한 사람 한 사람은 하나님에게 너무나 가치 있는 존재라고 말한다. 지폐가 아무리 땅바닥에 던져지고 그림을 거의 알아볼 수 없을 정도로 짓밟힌다 할지라도 여전히 가치 있게 통용되는 돈이듯이 우리 또한 구겨지고 밟히는 인생을 과거에는 살았다 할지라도 하나님에게 여전히 소중한 존재이기 때문에 자괴감을 갖지 말고 자기를 비하하지 말고 자신 안에 있는 하나님의 능력으로 말미암는 무한한 가치와 잠재력을 확신하라고 가르친다. 이유는 하나님께서 우리를 향해서 위대한 계획과 목적을 가지고 계시기 때문이라고 한다.

조엘 오스틴에게 있어 우리를 향한 하나님의 계획과 목적은 이 땅에서의 부와 성공이다. 그러므로 어떤 가난과 실패 가운데서라도 자신은 부자 될 수 있고 성공할 수 있는 존재임을 인식하고 절대로 인생을 포기하지 않으면 인생의 풍랑이 그치고 밝은 해가 뜨는 날이 다가온다고 한다. 그래서 사업이 주춤해도 실패를 준비하지 말고 고객을 보내 달라고 하나님께 기도하고 기대하라고 부추긴다. 이와 같이 실패 가운데서도 성공을 믿고 기도하는 사람이 진정한 하나님의 자녀라고 힘주어 말한다.

그러나 사도 바울은 하나님의 자녀는 실패 가운데 성공을 믿고 기대하는 사람이 아니라, 영으써 몸의 행실을 죽이는 사람이 하나님의 자녀라고 했다. "그러므로 형제들아 우리가 빚진 자로되 육신에게 져서 육신대로 살 것이 아니니라 너희가 육신대로 살면 반드시 죽을 것이로되 영으로써 몸의 행실을 죽이면 살리니 무릇 하나님의 영으로 인도함을 받는 사람은 곧 하나님의 아들이라"(롬 8:12~14).

조엘 오스틴은 삶 속에서 맞닥뜨리는 선택의 기로에서

부정적 측면에 집중하지 말고, 할 수 없다고 절망하지 말고, 항상 가능성에 초점을 두고 놀라운 인생 역전을 하나님 안에서 기대하고 상상하라고 가르친다. 바로 이것이 조엘 오스틴이 말하는 의인을 구원하는 믿음이다.

조엘 오스틴은 독자들에게 과연 우리는 하나님이 우리에게 행하실 놀라운 일을 믿고 있는가라고 묻는다. 그렇다면 그가 말하는 하나님이 행하실 놀라운 일이 무엇인가? 그는 말하기를 "하나님은 우리가 겨우 입에 풀칠만 하며 살기를 원하지 않으신다. 음식, 집, 교통비, 청구서를 해결하기 위해 동전 한 닢에 쩔쩔매는 삶은 하나님이 원하시는 삶이 아니다. 삶의 여러 가지 문제로 전전긍긍하는 태도를 하나님은 기뻐하지 않으신다. 우리가 영원한 고통에 신음하는 것은 하나님의 뜻이 아니다."라고 한다.

과연 음식, 집, 교통비, 청구서를 해결하기 위해 전전긍긍하는 고통이 우리가 하나님께로부터 해결 받아야 할 영원한 고통의 문제인가? 하나님께서는 이와 같은 고통을 영원히 종식시켜 주시기 위해서 십자가에서 죽으셨다는 말인가?

조엘 오스틴은 하나님께서는 우리가 사랑과 기쁨, 평안과 만족으로 가득한 행복한 삶을 살기를 바라신다고 했다.

그래서 하나님의 목적에 이바지하는 삶을 살기 위해서는 믿음을 가져야 한다고 말한다. 그러면서 믿음의 용사가 되라고 한다. 그 옛날 아브라함에게 "내가 네게 복을 주리니 너는 복의 근원이 될지라"고 주신 말씀은 지금 우리에게도 주시는 말씀이라고 한다. 그래서 우리는 풍요의 복을 받아 상황이 바뀌고 다른 사람에게 복덩이가 되어야 한다고 말한다.

그렇다면 복의 근원인 아브라함의 복을 받은 우리가 그 복을 누리는 삶은 전전긍긍하는 인생 문제를 해결 받고 부자 되는 삶을 통해서 성취되는가? 아니다. 아브라함에게 약속하신 하나님의 복은 '씨와 기업'의 복으로서 이는 곧 예수 그리스도를 믿는 믿음으로 아브라함의 후사가 되어 약속된 기업, 곧 하나님의 나라, 곧 예수 그리스도로 말미암는 구원에 참여함을 의미한다.

아브라함에게 약속하신 복이 구원의 복이기에 야고보 선생은 이 복을 세상의 가난한 자가 받게 되었다고 말했다. "내 사랑하는 형제들아 들을지어다 하나님이 세상에서 가난한 자를 택하사 믿음에 부요하게 하시고 또 자기를 사랑하는 자들에게 약속하신 나라를 상속으로 받게 하지 아니하셨느냐"(약 2:5).

하나님의 나라가 바로 아브라함에게 약속하신 복의 성취이다. 우리가 믿음으로 아브라함의 후사가 되어 복의 근원인 아브라함의 복을 받는다는 것은 하나님의 나라에 들어감을 의미하고 하나님의 나라에 들어감은 곧 구원의 복을 받음을 의미한다.

그러면 이 복을 누가 받은 것인가? 조엘 오스틴의 말대로 잘된 인생이 받는가? 부자 된 인생이 받는가? 성공한 인생이 받는가? 영향력 있는 인생이 받는가? 삶의 문제를 해결 받은 인생이 받는가? 아니다. 가난한 자가 받는다. 그러므로 조엘 오스틴이 우리에게 넘치기를 바라고 교훈하는 아브라함의 복은 그의 말처럼 부와 성공과 형통의 복이 아님을 분명히 알아야 한다.

사도 바울은 구원을 받은 후 이 구원의 복을 하늘에 속한 모든 신령한 복이라고 감사했다. "찬송하리로다 하나님 곧 우리 주 예수 그리스도의 아버지께서 그리스도 안에서 하늘에 속한 모든 신령한 복을 우리에게 주시되 곧 창세 전에 그리스도 안에서 우리를 택하사 우리로 사랑 안에서 그 앞에 거룩하고 흠이 없게 하시려고 그 기쁘신 뜻대로 우리를 예정하사 예수 그리스도로 말미암아 자기의 아들들이 되게 하셨으니 이는 그가 사랑하시는 자 안에서 우리에게 거저 주시는 바 그의 은혜의 영광을 찬송하게 하려는 것이라 우리는 그리스도 안에서 그의 은혜의 풍성함을 따라 그의 피로 말미암아 속량 곧 죄 사함을 받았느니라"(엡 1:3~7).

조엘 오스틴은 모든 인생의 꿈과 희망이 산산조각난 절망의 상황에서라도 신세 한탄을 하지 말고 땅에 속한 복을 받기에 마땅한 태도를 유지하라고 설득한다. 그러면 하나님께서 우리의 모든 좌절과 부서진 꿈과 상처와 고통을 치유해 주신다고 한다. 그리고 과거의 고통보다 훨씬 큰 복, 곧 최소한 두 배나 큰 평화와 기쁨과 행복과 성공이 찾아올 것이라고 장담한다.

조엘 오스틴이 가르치는 복을 받기에 마땅한 태도는 말과 생각 가운데 긍정의 힘을 신뢰하는 것이다. 그러므로 그가 말하는 복을 받기에 마땅한 태도, 곧 믿음은 긍정의 힘이 된다. 그는 이 긍정의 힘이라는 믿음을 통해서 인생의 부요와 성공을 기반으로 한 행복을 꿈꾸라고 말한다. 그에게 있어서 믿음은 부정적인 마음과 생각과 태도를 바꾸어 긍정적인 마음과 생각과 태도를 가지는 것이다.

조엘 오스틴에게 믿음의 선한 싸움은 마음과 생각과 행동 가운데 긍정을 넘치게 소유하는 것이고, 그와 같은 믿음의 결국은 영원한 고통인 삶의 문제로부터 해방되어 부와 성공이 가져다주는 행복한 삶을 만끽하게 되는 것이다.

그러나 사도 바울은 믿음의 선한 싸움은 마음과 생각과 태도 가운데 긍정을 소유하는 것이 아니라, 의와 경건과 믿음과 사랑과 인내와 온유를 힘쓰는 것이라고 했다. 그리고 그 싸움의 결과로 성공이 아니라 영생을 쟁취하라고 했다. "오직 너 하나님의 사람아 이것들을 피하고 의와 경건과 믿음과 사랑과 인내와 온유를 따르며 믿음의 선한 싸움을 싸우라 영생을 취하라 이를 위하여 네가 부르심을 받았고 많은 증인 앞에서 선한 증언을 하였도다"(딤전 6:11~12).

디모데전서 6:11~12에서 언급된 덕목들은 가난과 실패라는 의미와 반대되는 개념이 아니라, 죄와 반대되는 개념이다. 결국 바울은, 믿음의 선한 싸움은 죄를 멀리하는 삶, 곧 성화를 힘쓰는 삶이라고 했다.

히브리서 기자는 이 성화의 삶, 곧 믿음의 삶을 죄와 피흘리기까지 싸우는 삶이라고 했다. 그리고 사도 바울은 이 성화를 통해 좌절된 꿈을 성취하라고 말하는 것이 아니라 영생을 쟁취하라고 했다. 이 영생이 바로 사도 베드로가 말했던 믿음의 결국이다. "믿음의 결국 곧 영혼의 구원을 받음이라"(벧전 1:9).

사도 베드로는 교회를 향해 영혼 구원을 위해서 나그네로 있을 때를 두려움으로 지내며(벧전 1:17), 하나님의 거룩하심같이 거룩해질 것을 명령했다(벧전 1:15~16). 하나님의 거룩함이 교회가 믿음의 선한 싸움을 통해 다다라 가야 하는 최후의 종착지이다.

조엘 오스틴은 처음부터 끝까지 교회를 향해 꿈을 포기하지 말고, 좌절과 낙심으로 인해 우리를 향하신 하나님의 말씀을 믿지 않는 어리석음을 범하지 말라고 계속해서 속삭인다. 그는 우리를 향하신 하나님의 원대한 계획을 인생의 부와 형통과 성공으로 장담한다. 그러나 과연 닭이 아무리 긍정의 힘을 신뢰하고 피 터지게 긍정의 힘을 부여잡는다고 해서 독수리가 되는 것은 아니다. 이 세상 가운데는 조엘 오스틴이 말하는 약속의 복인 부와 성공과 관련해서 예수를 믿는 사람들보다도 예수를 믿지 않는 사람들이 훨씬 더 부와 성공의 복을 누리고 있음을 유념해야 한다.

예수를 믿지 않고도 부자 되고 성공한 그들이 가진 탁월한 부와 성공은, 예수를 믿지만 철저하게 가난한 인생이 아무리 피 터지게 긍정의 힘을 부여잡아도 미칠 수 없을 정도로 너무나 아득한 곳에 있다. 그러나 조엘 오스틴은 우리 인생의 후반부가 전반부보다 낫기를 바라시는 하나님께서 우리의 흘린 눈물까지 주워 담아 포도주로 바꾸신다고 예언한다. 그러므로 그의 예언이 예수 믿는 사람에게 빠짐없이 적용되어 지구상에서 예수를 믿지 않는 사람이 철저하게 빈털터리가 되어야만 절대적인 진리가 될 수 있을 것이다. 그렇지 않다면, 그래서 이 세상에 예수를 믿지 않고도 잘살고 성공한 인생이 한 명이라도 있다면 그의 예언은 사술이고 거짓 선지자의 미혹이다.

조엘 오스틴은 교회에게 매일 아침, 항상 자신의 인생에 유리한 상황이 펼쳐질 것을 기대하고 하나님이 주시는(?) 이 땅의 만복을 기대하며 하루를 시작하라고 독려한다. 재정과 건강, 사업과 자녀에 이르기까지 삶의 모든 측면이 벼랑 끝으로 향하고 있더라도, 그래서 그 모든 문제가 곪아 터지기 직전에 처해 있다 할지라도, 능력이 무한하신 하나님께서 모든 상황을 역전시키시고 모든 난관을 돌파하게 해 주실 것이라고 믿고 마음으로 꿈꾸라고 지절거린다. 그러면 하나님께서는 빠른 시일 안에 새로운 일을 행하실 것이라고 장담한다.

조엘 오스틴에게 믿음은 구원에 이르는 방편이 아니라, 우리가 가진 마음의 소원을 성취하는 무당의 부적과 같다. 계속해서 그의 말을 들어 보자. "이제부터는 자신의 능력을 보지 말고 하나님의 능력을 보라. 성경은 '무릇 사람이 할 수 없는 것을 하나님은 하실 수 있느니라'고 말씀한다. 하나님이 뿌리신 씨앗이 우리 안에 뿌리를 내리도록 마음 밭을 옥토로 바꾸라. 하나님이 어떤 방법으로 일을 이루실지는 우리가 알 수 없는 영역이다. 그것은 하나님이 하실 일이지 우리 일이 아니다. 우리는 그저 믿고 기대하면서 살기만 하면 된다. 하나님께 모든 것을 맡기고 믿기만 하면 하나님은 알아서 돌보고 해결해 주신다. 하나님은 인간이 할 수 없는 일을 하시고 인간과 다른 방법을 사용하시며 자연의 법칙에 얽매이지 않으신다. 우리가 하나님을 믿고 신뢰하면 하나님의 씨앗은 뿌리를 내리고 자라나며 결국 풍성한 열매를 맺는다. 보이지 않는 세계를 보는 우리를 위해 하나님은 불가능한 일을 가능케 하신다. 하나님의 자녀인 우리의 비전에는 한계가 있을 수 없다. 하늘에 계신 아버지께서 주시는 놀라운 복을 바라보라. 우리가 할 일은 믿고 인생의 큰 비전을 품고 믿음과 기대로 살며 하나님의 눈으로 자신을 보는 것이다. 우리가 우리 몫을 할 때 하나님은 모두가 불가능하다고 생각했던 곳으로 우리를 이끄시고 천국을 경험하게 해 주신다. 믿음대로 될지어다!"

이처럼 그는 믿음을 불가능한 소원을 성취해 주는 하나

님의 무한하신 능력을 확신하는 일이라고 한다. 그에게 있어서 믿음의 씨앗은 이 세상의 부요와 성공의 열매를 결실하기 위한 우리의 순종이고, 우리의 행함이다. 그래서 그는 믿음 생활이란 능력 많으신 하나님이 우리 소원의 기도와 꿈을 응답해 주시고 성취해 주시는 것을 마음으로 기도하고 확신하는 것이다. 그에게 있어 믿음은 자기 부인의 길을 걸어가는 제자도와는 전혀 관계가 없다. 그에게 있어 믿음은 곧 긍정의 마음이다.

그러나 성경에서는 믿음이 하나님의 뜻을 행함이라고 했다(마 7:21; 약 2:14, 17). 어떻게 믿음의 삶이 인생의 큰 비전을 품고 기대하며 하나님의 눈으로 자신을 보는 것인가? 어떻게 구원받은 우리가 자기 부인의 십자가를 지기 위해 싸우지 않고, 그저 하나님이 가져다주실 세상에 속한 만복과 관련된 좋은 일을 기대하면서 살기만 하면 된다는 말인가?

조엘 오스틴은 우리에게 하나님께서 주신 가능성과 놀라운 잠재력, 창조적 아이디어, 꿈으로 가득한 좋은 씨앗이 있기 때문에 자신을 어떻게 보느냐에 따라 흥하게도 망하게도 한다고 했다. 그래서 의심의 장막을 걷고 자신의 잠재력을 믿으면 하나님께서는 우리를 놀라운 존재로 만드셔서 우리에게 주신 운명을 완성하신다고 한다.

그러나 신앙은 자신의 잠재력을 믿는 것이 아니라, 자신의 전적인 부패와 죄악 됨을 돌아보고 성공과 실패의 길을 선택해서 가는 것이 아니라, 구원과 멸망의 길을 선택해서 간다.

성경은 우리에게 잠재력을 믿으라고 말하고 있는 것이 아니라, 자신의 죄악 됨을 돌아보고 예수 그리스도가 무엇 때문에 십자가에서 죽으셔야 했는가를 생각하고 그분의 부활로 말미암는 새 생명에 연합해서 새로운 피조물로 살아갈 것을 명령하고 있다(롬 6:3~4).

조엘 오스틴이 우리에게 긍정의 힘을 믿고 긍정으로 말하고 긍정으로 생각하고 긍정으로 확신해서 미래의 잘된 나를 하나님의 능력에 의지해서 상상하라고 하는 이유는 하나님께서 우리에게 모든 신령한 복으로 이미 복을 주셨기 때문이라고 한다. 그러면서 그는 신령한 복을 받은 하나님의 자녀 됨의 특권을 좌절과 실패를 극복하고 이 세상에서 부와 성공의 모든 가능성을 자기 것으로 만들 수 있는 복으로 가르친다. 그러나 하나님께서 우리에게 주신 모든 신령한 복은 이 땅의 부와 형통이 아니라 생명과 경건에 속한 모든 것으로서, 이 복을 받은 우리는 부자 되고 성공하는 길을 달려가는 것이 아니라 신의 성품에 참여해서 예수 그리스도의 형상을 이루어 간다(벧후 1:3~4; 갈 4:19).

조엘 오스틴의 싸구려 복음에 의하면 인간 세상에는 두 자녀, 곧 가난한 자녀 부자인 자녀, 실패한 자녀 성공한 자녀가 있다. 그러나 성경은 죄악의 자녀와 의의 자녀, 사망의 자녀와 생명의 자녀에 대해서만 말하고 있다. 아무리 힘없고 가난해도 예수 그리스도 안에 있으면 소망을 가진 자이고, 아무것도 없어도 모든 것을 가진 자이다(고후 6:9~10). 그러나 아무리 영향력과 높은 지위와 부를 가지고 있어도 예수 그리스도 밖에 있으면 소망이 없는 자이고(엡 2:12), 따라서 멸망 받을 자이다.

과연 성경은 가난을 딛고 성공을 쟁취하라고 가르치는가, 아니면 죄를 딛고 의를 행하라고 가르치는가. 조엘 오스틴은 성경이 "위의 것을 생각하라"(골 3:2)라고 말하기 때문에 우리는 높은 곳에 마음을 두기로 끊임없이 선택해야 한다고 한다. 그러면서 위의 것을 '하나님의 은혜와 복'이라고 말한다. 과연 사도 바울이 말한 '위의 것'이 조엘 오스틴이 말하는바 하나님의 은혜와 복으로서 우리가 생각을 바꾸면 소유할 수 있는 부와 성공인가? 아니다.

사도 바울이 말하는 '위의 것'은 이 땅의 영광과 관련된 것이 아니다. 사도 바울은 위의 것을 거룩함과 생명과 관련해서 말한다. 사도 바울은 그 어떤 경우에도 위의 것을 생각하는 사람에게 이 땅에서의 부와 성공이 주어진다고 말하지 않는다.

위의 것을 생각하고 땅에 것을 생각하지 말라는 사도 바울의 권고는 정과 욕심을 십자가에 못 박으라는 그의 권고와 같은 의미이다. 그러므로 사도 바울에게 있어 위의 것을 생각하는 삶은 긍정적인 생각과 관련 있는 것이 아니라, 거룩한 삶, 거룩한 생명과 관계가 있다.

위의 것을 생각하라고 말한 조엘 오스틴은 긍정의 생각을 가져야 미래의 삶이 잘될 수 있다고 강조한다. 그가 말하는 잘되는 삶이 무엇인가? 그의 책 전 부분을 통해서 계속해서 잘되는 삶은 이 땅에서 잘사는 삶과 연결되어 있다. 그러나 성경은 잘사는 삶을 권고하고 있는 것이 아니라, 잘 죽는 삶을 명령하고 있다.

높은 곳에 마음을 둔다는 것은 미래의 잘된 나를 꿈꾸는 삶이 아니라, 이 땅의 그 어떤 것에도 소망을 두지 않고 모든 것을 해로 여기고 배설물로 여기는 삶이다. 성경의 주제는 죄와 거룩함이지만, 조엘 오스틴의 주제는 성공과 실패이다.

성경은 우리의 혀를 죄와 관련해서 사용하지 말 것을 권고한다. "우리가 다 실수가 많으니 만일 말에 실수가 없는 자라면 곧 온전한 사람이라 능히 온몸도 굴레 씌우리라 우리가 말들의 입에 재갈 물리는 것은 우리에게 순종하게 하려고 그 온몸을 제어하는 것이라 또 배를 보라 그렇게 크고 광풍에 밀려가는 것들을 지극히 작은 키로써 사공의 뜻대로 운행하나니 이와 같이 혀도 작은 지체로되 큰 것을 자랑하도다 보라 얼마나 작은 불이 얼마나 많은 나무를 태우는가 혀는 곧 불이요 불의의 세계라 혀는 우리 지체 중에서 온몸을 더럽히고 삶의 수레바퀴를 불사르나니 그 사르는 것이 지옥 불에서 나느니라 여러 종류의 짐승과 새와 벌레와 바다의 생물은 다 사람이 길들일 수 있고 길들여 왔거니와 혀는 능히 길들일 사람이 없나니 쉬지 아니하는 악이요 죽이는 독이 가득한 것이라 이것으로 우리가 주 아버지를 찬송하고 또 이것으로 하나님의 형상대로 지음을 받은 사람을 저주하나니 한 입에서 찬송과 저주가 나오는도다 내 형제들아 이것이 마땅하지 아니하니라 샘이 한 구멍으로 어찌 단물과 쓴물을 내겠느냐 내 형제들아 어찌 무화과나무가 감람 열매를, 포도나무가 무화과를 맺겠느냐 이와 같이 짠물이 단물을 내지 못하느니라(약 3:2~12).

구원받은 사람은 한 입으로 찬송과 저주를 함께 발해서는 안 된다. 그것은 샘이 한 구멍으로 단물과 쓴물을 함께 낼 수 없고, 무화과나무가 감람 열매를 포도나무가 무화과를 결실할 수 없기 때문이다.

'혀'라는 것은 우리 신체에서 너무나 작은 부분이지만, 그 작은 혀가 우리의 온몸을 굴레 씌운다. 죄인인 우리는 죄악 된 혀를 제어할 힘이 없다. 그래서 혀는 길들여지지 않는 악이고 독이다. 그러나 구원받은 사람은 말로 죄를 지어서는 안 된다. 그것은 우리가 구원받은 사람으로서 하나님 아버지를 찬송해야 하기 때문이다.

야고보 선생은 교회를 향해서 구원받았기 때문에 하나님 아버지를 찬송해야 할 혀를 가지고 형제를 저주하거나 비난하는 죄악 된 용도로 사용하지 말 것을 명령하고 있다. 이처럼 성경은 구원받은 교회에게 죄악의 말을 그치고 거룩한 찬송을 발하라고 명령한다. 그러나 조엘 오스틴은 부정의 말을 해서 실패를 자초하지 말고 어떠한 난관 앞에서도 긍정의 말을 통해 성공의 삶을 살라고 재촉한다.

조엘 오스틴은 부정적인 말은 실패의 삶을 결실하기에 말을 신중히 해야 한다고 한다. 그에 의하면 입 밖으로 나온 말은 우리의 무의식 속에 심어져 생명력으로 뿌리를 내리고 자라서 그 말의 내용과 똑같은 열매를 결실한다고 한다. 그래서 성공과 부요의 삶을 살기 위해서는 패배와 실패라는 말을 입 밖으로 내지 말라고 한다. 그러면서 야고보성경의 말씀을 인용해서 조그만 방향키가 배 전체의 방향을 통제하듯 우리의 혀도 우리 삶의 방향을 좌지우지한다고 한다.

그야말로 조엘 오스틴은 하나님의 말씀에서 죄와 거룩함이라는 신령한 말씀을 감하고 실패와 성공이라는 세속의 언어를 마음껏 더한다. 이 죄는 하나님의 말씀을 가감한 영원히 용서받을 수 없는 죄이다(계 22:18~19).

야고보 성경은 실패의 삶을 살지 않도록 부정의 말을 그치고 성공의 삶을 살 수 있도록 긍정의 말을 하라고 가르치는 것이 아니라, 구원받은 교회가 하나님을 찬송하는 삶을 살기 위해 죄악 된 말을 그치라고 명령한다.

우리는 야고보 성경의 명령대로 어떤 상황 속에서도 죄악 된 말을 삼가야 한다. 그러나 조엘 오스틴은 상황이 우리 뜻대로 풀리지 않고 자꾸 어려운 일만 터질 때일수록 말을 조심해서 긍정적인 생각과 긍정적인 말을 계속 되풀이해야 꼬인 일이 풀리고 막힌 일이 풀려서 성공의 미래를 살수 있다고 교훈한다.

오늘날 많은 교인이 열심히 긍정의 말을 하나님의 이름으로 남발하기 때문에 자신들이 하나님을 가까이하고 하나님을 존경하고 있는 것으로 착각하지만, 실상 그들의 긍정적 마음은 하나님께서 원수와 같이 여기시는 세상을 향해 있기 때문에 긍정의 힘으로 만사형통과 무병장수를 염불하는 사람일수록 그들의 마음은 하나님에게서 멀어질 수밖에 없다(사 29:13). 그것은 그들이 긍정으로 소원하는 꿈이 하나님과 원수 된 세상에 속한 정욕과 자랑이기 때문이다(요일 3:15~17).

구원받은 교회는 긍정의 말을 염불할 때가 아니라 주님의 명령인 제자도에 집중해야 한다(눅 14:26~27, 33). 제자도를 통해서 우리는 좁고 협착한 길의 끝에 있는 생명의 영광에 이른다. 그러므로 교회로 제자도에 집중하지 못하게 하고 오히려 세상 가운데서 소원의 꿈을 긍정하게 하는 긍정의 힘은 보암직하고 먹음직한 선악을 알게 하는 나무 열매에 집중하게 하는 미혹의 속삭임이 된다.

하나님께서는 지금 이 시간도 우리가 긍정적인 말로 부정적인 환경을 바꾸기를 원하시는 것이 아니라, 어떤 고난과 고통 앞에서도 하나님의 구원을 찬송하기를 명령하신다. 그러므로 구원받은 교회는 긍정의 말로 성공의 열매를

먹으려고 골몰하지 말고, 어떤 죽음의 고난 앞에서도 구원의 하나님을 찬양하는 신실한 믿음에 집중해야 한다.

조엘 오스틴은 지혜와 성공, 번영과 건강을 얻고 싶다면 단순히 말씀을 묵상하고 믿는 차원을 넘어서서 과감히 "내게 좋은 일이 일어날 거야. 내 꿈은 반드시 실현될 거야. 나는 반드시 승진할 거야. 나는 반드시 성공할 거야."라며 부정적 혀를 다스려서 오직 믿음의 말만 선포하라고 한다. 그에게서 믿음의 삶은 긍정적 말과 긍정적 생각이다.

그러나 성경이 말하는 믿음의 삶은 정과 욕심을 십자가에 못 박고 주님의 모든 명령을 지켜 행하는 제자도의 삶이다(마 28:19~20; 눅 14:25~26, 33; 약 2:14, 17).

조엘 오스틴의 교훈은 하와의 후손으로 하여금 먹음직하고 보암직한 부와 성공에 집중하게 한다. 그에게 있어서 믿음의 삶은 부자 되고 성공하는 삶이다. 그는 우리의 말이 그것을 듣는 모든 사람의 미래에 막대한 영향력을 발휘하기 때문에 우리가 만나는 모든 사람을 향해 복을 선포하라고 한다. 정말로 신바람 나는 교훈이다. 말로 복만 빌어 주면 나와 가까운 모든 사람이 복을 받는다는데 이보다 더 달콤한 속삼임이 어디 있는가?

세상의 모든 기회는 정원이 정해져 있다. 그런데 승진의 문 앞에 있는 모든 사람을 향해 조엘 오스틴의 교훈대로 주변의 모든 사람이 승진의 복을 빌어 준다면 어떤 일이 발생하겠는가? 아무리 복을 빌어 주어도 정해진 인원 외에는 누구도 승진할 수 없다. 그러므로 그의 교훈은 절대적 진리가 아니라 사술이다.

이와 같은 원리로 세상의 모든 기회를 살펴보면 조엘 오스틴의 논리는 절대로 통용될 수 없다. 그것은 우리 모두가 일등이 되고 싶어 하지만, 이 사회는 일 등은 한 명밖에 나올 수 없고, 또한 일등만으로 돌아갈 수 없는 구조적 한계를 가지고 있기 때문이다.

하나님께서는 땅이 있는 동안에는 필연적으로 가난한 자가 있을 수밖에 없다고 하셨다. 모든 사람이 예외 없이 모두 부자가 될 수는 없다. 그러므로 하나님의 말씀은 모두가 긍정의 말을 통해 부자가 되라고 했던 것이 아니라, 가진 자들에게 사랑의 율법인 안식년법(신 15:7~18)과 희년법(레 25:8~55)을 통해서 모두가 함께 먹고살 수 있는 평등한 공동체가 되라고 명령하셨던 것이다.

지금 교회는 한 주간 힘든 시간을 보낸 교인, 한 주간 고달픈 시간을 보낸 교인, 한 주간 고통스러운 시간을 보낸 교인을 위로한답시고 하나님의 말씀을 빙자하여 긍정의 마인드를 설파하는 설교들이 넘쳐난다. 이와 같은 설교들을 하나님의 말씀으로 수용하는 "주여! 주여!" 하는 사람들로 교회는 세속화되고 타락했으며 하나님의 거하실 처소 곧 거룩한 성 새 예루살렘으로가 아니라 멸망 받을 큰 성 바벨론으로 지어져 간다(엡 2:20~22; 계 17;1, 5, 18; 21:1~2, 9~10).